쇼펜하우어 그래픽노블
의지와 표상으로서의 세계

Schopenhauer. A la découverte du Monde by Francis
METIVIER and Isa PYTHON
© 2023 Dunod, Malakoff

This edition was published by arrangement with DUNOD
through Icarias Agency, South Korea

이 책의 한국어판 저작권은 Icarias Agency를 통해 DUNOD와
독점 계약한 도서출판 지와사랑에 있습니다.
저작권법에 의하여 한국 내에서 보호를 받는 저작물이므로
무단전재와 복제를 금합니다.

쇼펜하우어 그래픽노블
의지와 표상으로서의 세계

초판 인쇄　2024. 3. 15
초판 발행　2024. 3. 22

지은이　　프랑시스 메티비에, 이자 피통
옮긴이　　이세진
펴낸이　　김광우
편집　　　문혜영, 박세린
마케팅　　권순민, 김예진, 박장희
디자인　　조예진

펴낸곳　　知와사랑
주소　　　경기도 고양시 일산동구 고양대로1021번길 33 401호
전화　　　02) 335-2964
팩스　　　031) 901-2965
홈페이지　www.jiwasarang.co.kr
등록번호　제 2023-000016호
등록일　　1999. 1. 23
인쇄　　　동화인쇄
ISBN　　　978-89-89007-01-2(07180)

쇼펜하우어 그래픽노블
의지와 표상으로서의 세계

프랑시스 메티비에 · 이자 피통 지음
이세진 옮김

知와 사랑

안녕! 나는 아르투어, 그리고 이 친구는 아트마야.
우리가 쇼펜하우어의 유명한 저서 『의지와 표상으로서의 세계』의
주요 개념들을 이해하기 쉽게 설명해줄게.

그 전에 짚고 넘어갈 게 하나 있어.
독일 철학자 쇼펜하우어의 독창적인 사상은
결국 신의 존재를 가정하지 않는 형이상학이야.
자, 이제 시작해볼까?

『의지와 표상으로서의 세계』는
총 4부로 구성되어 있어.

표상으로서의 세계에 대한
첫 번째 고찰은 **인식**이고,

의지로서의 세계에 대한
첫 번째 고찰은 **생명체**야.

표상으로서의 세계에 대한
두 번째 고찰은 **예술**이고,

의지로서의 세계에 대한
두 번째 고찰은 **도덕**이지.

제1부
표상으로서의 세계: 인식

쇼펜하우어의 철학은 크게 두 가지 원칙으로 이루어져 있어.

이때 의지이자 표상인 육체의 문제가 다시 제기되는데,

그렇다면 나의 육체는 내 일부일까, 세계의 일부일까? 만약 세계의 일부라면 그 또한 표상이라는 건데…

아트마, 너에게 몸이 있어!

그 정도는 나도 알아. 너도 몸이 있잖아!

나에게 네 몸은 세계의 일부가 맞아, 따라서 나의 표상이고. 그렇다면 너 자신에게도 네 몸이 세계의 일부인 걸까?

나의 육체는 직관이자 감각적 지각의 조건이야.

응, 인정하긴 싫지만 내 몸도 세계의 일부야. 하나의 대상처럼 인식되거든.

따라서 결과를 보고 원인을 아는 능력, 즉 **오성**과 직결되어 있어.

기침하는 걸 보니 감기에 걸렸구나.

인식은 사유하는 주체와 사유되는 객체를 모두 포함하는 표상이며, 여기서의 주체와 객체는 서로를 조건화해.
그래서 쇼펜하우어는 철학의 두 사조를 모두 비판했어.

유물론 vs 관념론
Materialism Idealism

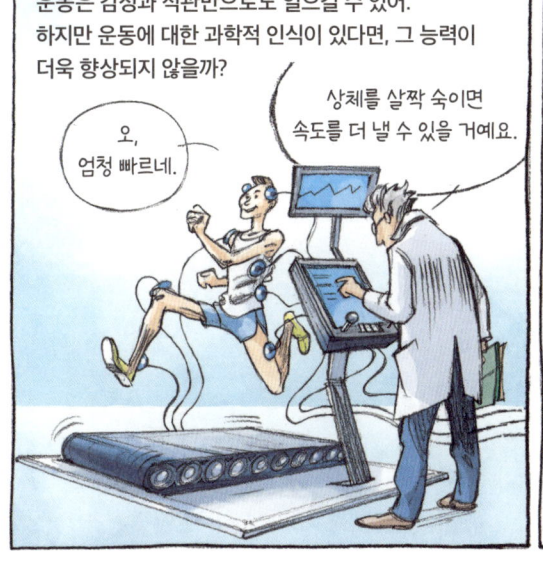

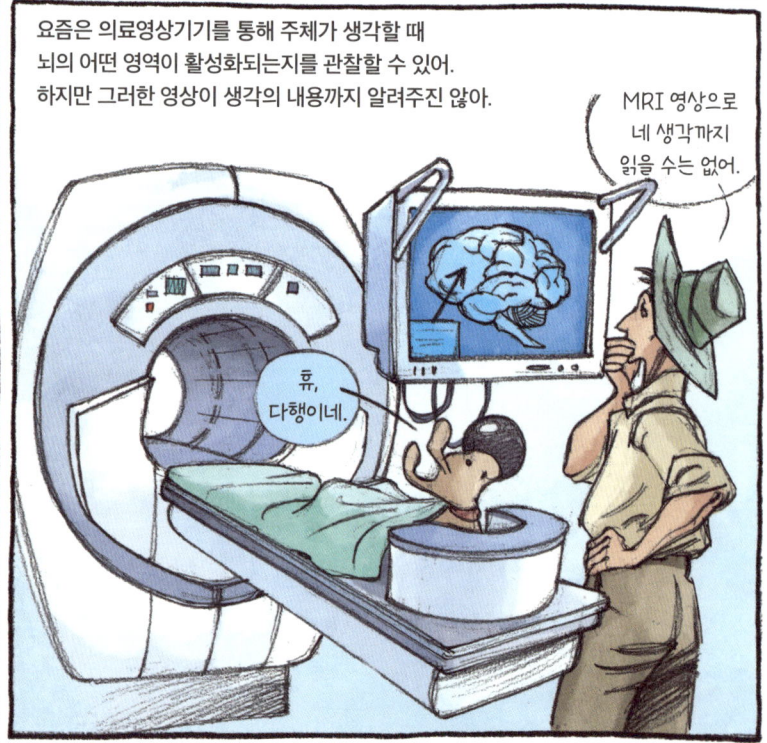

결국 과학은 사물의 외부를 연구하는 학문이야.
사물의 본질은 알지 못한 채 표상하든가, 그러한 표상으로부터 떨어지려고 하지.
하지만 그러려면 과학의 원리 자체인 이성을 포기해야 해.

아르투어, 내가 생각해봤는데 말야... 사물을 볼 때 외부보다는 내부, 즉 본질을 보는 게 중요한 것 같아.

그러므로 내 안의 의지가 내 삶의 원동력이 되는 거고.

맞아. 중요한 걸 깨우쳤구나!

쇼펜하우어는 이렇게 생각했어. "밖에서 출발해서는 사물의 본질에 이를 수 없다. 그래서는 아무리 찾아봐야 형상이나 명칭밖에 얻지 못한다. 이것은 마치 성의 주위를 돌고 입구를 찾지 못해 임시로 외벽만 그리는 것과 같다."

어서 물에 들어가보자. 물의 본성을 알려면 직접 들어가는 수밖에!

물속에 사는 피라냐의 본성만큼은 절대 알고 싶지 않은걸...

이때 육체는 의지가 객관화된 것으로 살고자 하는 의지를 온전히 드러내곤 해.

치아, 식도, 내장이 의지의 객관화된 굶주림이라면,

생식기는 의지의 객관화된 성욕이야.

이처럼 인간의 육체는 의지를 실현시키는 주요 욕망과 완전히 들어맞게 만들어졌어.

인간의 사유 자체도 의지의 객관화된 지성인 거야.

이 밖에 식물의 성장을 가능하게 하는 힘,

광물이 자기를 띠거나 결정을 만드는 힘,

중력의 작용까지도 모두 동일한 것으로 인식해야 해.

쇼펜하우어는 모든 현상, 다시 말해 모든 표상 너머의
물자체가 바로 의지라고 생각했어.

의지

여기서의 의지는 진짜 의지가 아니라
의지의 표상 중 하나일 뿐이야.

그렇지만 의지 개념은 더없이
직관적이고 의지 자체에 가까워.

의지

개념이나 의지 모두 우리 안에서 비롯되는 거야.
의지의 개념은 의지를 직관적이고 객관적으로 이해하게 해.
이때 주체는 개념 속의 본질을 즉각 식별하고.

배고파?

어떻게 알았어?
내 안의 의지가
어서 달라고
신호를 보내는 중이야.

인간에게 원인은 곧 동기야.
의욕을 불러일으키는 이유라고 할까.

아직도 배고파?

한편 동물은 자기가 알지 못하는 동기에 의해 움직여.
거미는 먹잇감이 걸려들 거라는 표상을 하지 않고도 거미줄을 짜지.

애벌레는 장차 일어날 변태를 표상하지 않지만 나무 속에 구멍을 뚫고. 이러한 행동들은 결국 맹목적인 본능 때문이야.

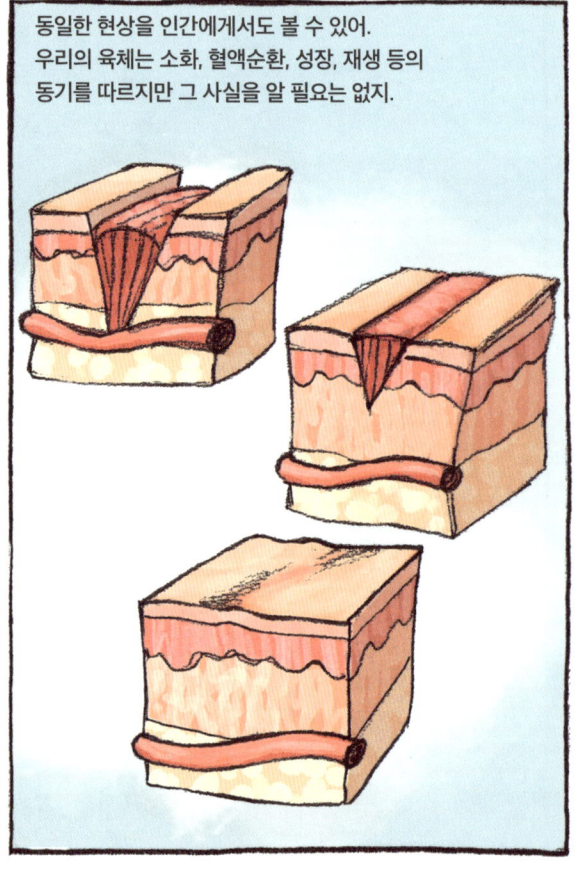

동일한 현상을 인간에게서도 볼 수 있어.
우리의 육체는 소화, 혈액순환, 성장, 재생 등의 동기를 따르지만 그 사실을 알 필요는 없지.

이 경우 의지는 인식에 의해 인도되는 것도 아니고,
동기에 의해 규정되는 것도 아니야.
그저 **자극**에 휘둘릴 뿐이지.

자극은 동기에 가까울 수도, 또 원인에 가까울 수도 있어.
예를 들어, 미모사는 조금만 자극을 받아도
수줍은 듯이 오그라들어.

인간의 동공은 너무 강렬한 빛의 자극을 받으면
스스로를 보호하기 위해
오그라들고,

성적 자극 역시 억누를 수 없는 원리에 반응하지.

쇼펜하우어는 자연법칙이 현상을 실현하지만 원인을 설명하지는 않는다고 보았어.
수력이나 모세관 현상 같은 물리학 법칙은 '어떻게?'라는 질문에는 답하지만
'왜?'라는 질문에는 답하지 못한다는 거지.

'어떻게'는 식물의 모세관 현상에,
'왜'는 열매에 답이 있거든.

의지적이고 의식적인 **동기**와 비의지적이고 무의식적인
자극의 중간에 해당하는 다양한 행동들이 있어.
호흡이 그러한 행동의 한 예야.

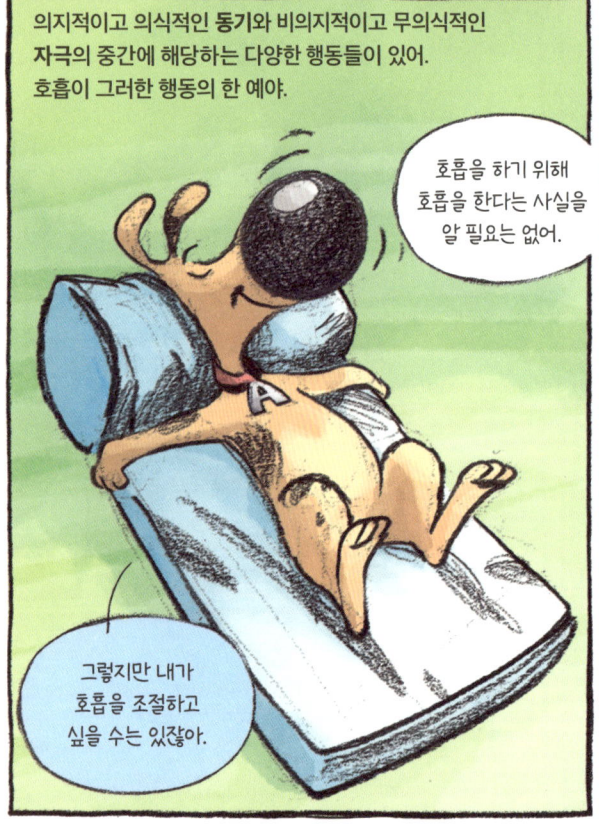

호흡을 하기 위해 호흡을 한다는 사실을 알 필요는 없어.

그렇지만 내가 호흡을 조절하고 싶을 수는 있잖아.

비의지적이라는 말은 주체에게
개별적이고 의식적인 의지가 없다는 뜻이야.
그래도 주체는 자각하지 못할 뿐
세계의 일반 원리로서의 의지에 종속되어 있어.

호흡의 속도를 조절하든지 말든지 결국 나를 숨 쉬게 하는 건 살고자 하는 의지야.

한편 의지는 무기물에도 작동해.
물이 높은 데서 낮은 데로 떨어지는 것을 두고 과학은 중력이라
이야기하지만, 중력은 세계의 의지가 표현되는 수단이고 법칙일 뿐이야.

중간에 장애물을 만나면
물의 에너지는 더욱 커지고,

액체가 기체로 변하기도 하지.
이러한 현상들은 외부 환경의 영향을 받기 때문이
아니라 생존을 위해 적응하느라 그렇게 되는 거야.

그렇다면 우리는 무엇을 진정으로 알 수 있을까? 물리학은 우리에게 자기磁氣, 열, 자연에서의 운동 법칙 등을 가르쳐주지. 하지만 운동의 본질 자체를 설명하지는 못해.

사물의 본질이란 수학 공식이나 물리학, 화학적 설명으로 환원되는 것이 아니거든. 따라서 우리의 이성에서 비롯되는 형식과 의지에서 나오는 힘을 혼동하면 안 돼.

쇼펜하우어는 자신의 이러한 철학이
플라톤의 이데아론에서 영감을 받은 것이라고 했어.

이데아

플라톤은 이데아계라는 상위의 세계가 있고,
그 하위에 우리의 감각으로 인식되는 현상계가 있다고 생각했어.

예를 들어, 상위의 세계에는 재규어의 이데아가 존재해.
이데아는 불변하고 시간을 초월하며 그 자체로 완전하지.

물질의 세계에는 서로 다른 재규어 개체들이 있어.
이들은 모두 제각각이지만 영원한 하나의 이데아,
즉 재규어의 이데아가 표현된 것이야.

플라톤에게 이데아가 있다면 쇼펜하우어에게는 의지가 있어.
생은 영원불변한 것으로 정해져 있지만 변화는 늘 일어나고,
신체를 지닌 것은 태어나고 변해가지만 결국 죽게 되지.
그것들은 잠시 지나갈 뿐, 존재하는 것이 아니야.

제3부
표상으로서의 세계: 예술

쇼펜하우어는 1부에서 표상을 세계를 이성적으로 인식하는 수단이라고 했어.

그리고 2부에서는 존재들의 의지의 표현을 다루었지.

하지만 이성의 원리와는 별개로 인간이 실현하는 의지의 표상이 또 있지 않을까?

한마디로 '의지를 나타내려는 의지'라고나 할까?

쇼펜하우어는 이 질문에 답하기 위해
"영혼은 관념을 사리사욕 없이 관조한다"는 플라톤의 생각을 환기했어.

예술의 가치는 용도에 있지 않고 기원,
즉 의지에 있어. 프랑스의 고답파
시인들이 주장했던 것처럼…

예술을 관조하는 것은
작품을 사심 없이 바라보는 거야.

예술을
어디다 써?

그게
전부라고?

예술은 쓰는 게 아니야.
예술에는 실용적이거나
도덕적인 기능이 없거든.
예술은 의지의 표현이고
그게 전부야.

그러니 마음을
비우고 보기나 해.

예술을 위한
예술!

테오필 고티에

그러므로 예술을 관조하는 것은 의지를 알기 위한 수단이야.
의지는 **미적 쾌감**을 불러일으키거든.

예술 작품에서 플라톤이 말하는 이데아나
쇼펜하우어가 말하는 의지의 직접적 표현을 볼 때
우리는 그 작품을 아름답다고 느낄 수 있어.

주체인 인간은 관조를 통해 그 대상인 작품에 빠져들어.
이때 개체는 자신의 개별적 의지를 잃고 일반 의지로 고양되고.

즉, 인식하는 주체가 사물과 거리를 두게 하는 이성의 원리를 자연스럽게 벗어던지면
주체는 곧바로 그 사물의 관념에 녹아들 만큼 순수해지는 거지.

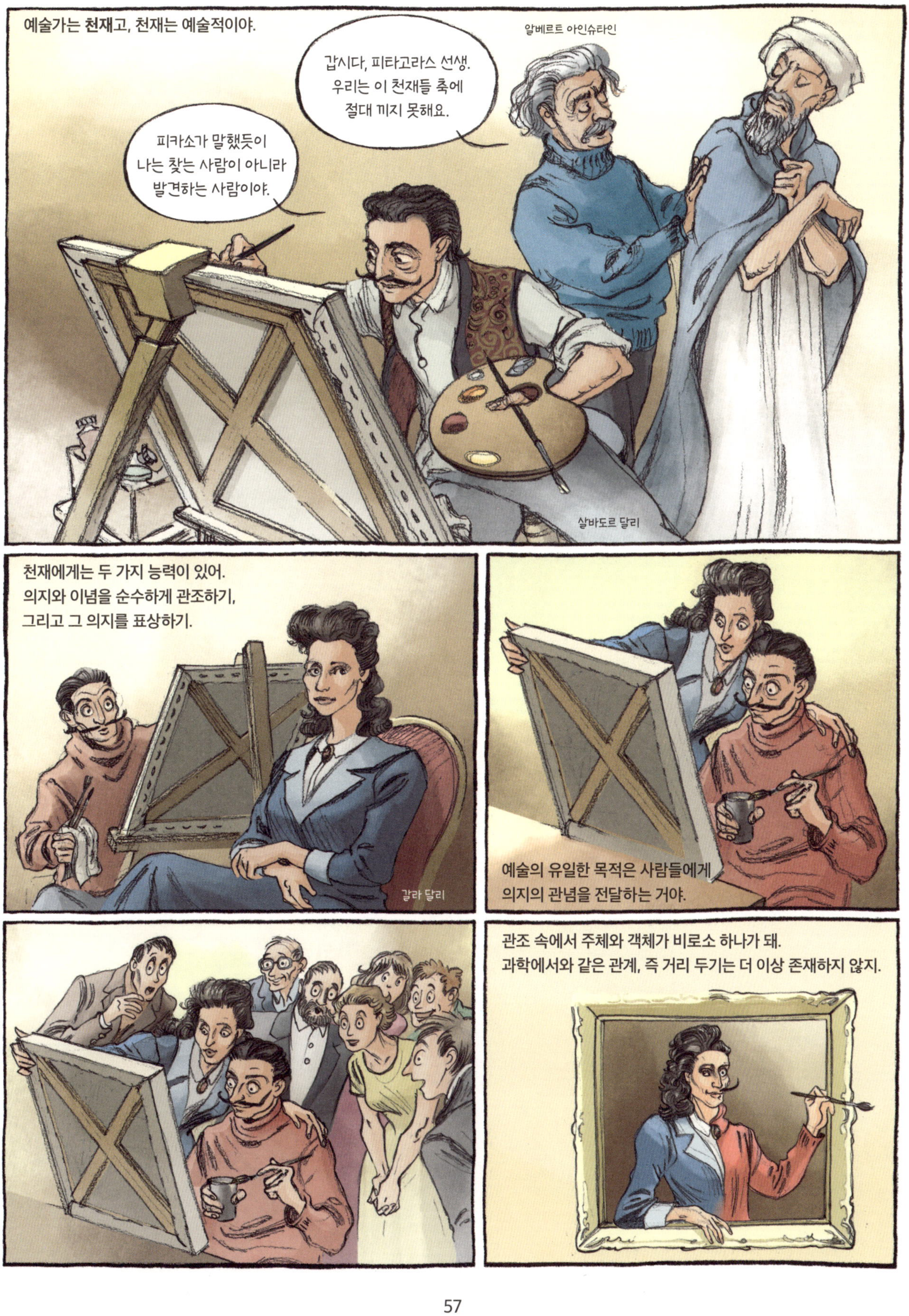

여기서 쇼펜하우어의 핵심 사상이 나와. 의지는 **욕망**, 다시 말해 결핍이라는 거야. 욕망은 충족되더라도 또 다른 고통을 불러오지.

하나의 욕망이 채워지더라도 다른 욕망들은 채워지지 않은 채로 남아. 따라서 욕망은 계속될 수밖에 없어. 반면 미적 쾌감은 이러한 욕망에 얽매이지 않은 순수한 관조에서 나와.

그러니까 미적 쾌감은 주관적 욕망을 떼어놓고 객관적으로, 다시 말해 대상으로 들어가는 거야.

나는 지금 음악 속에 있어, 그러니 내가 곧 음악이야.

결국 궁정에 있든 감옥에 갇혀 있든 해넘이를 관조하는 것은 다르지 않다는 거지.

건축에서의 아름다움은 저항과 빛이라는 두 가지 물리력에 대한 관조에서 비롯돼.

건축의 실제는 대지를 압박하는 중력과 이에 저항하는 강성剛性, 즉 지질학적 의지를 서로 대립하는 힘들과 그 법칙들의 표상으로 제어하는 거야.

아주 잘 붙어 있네.

우리가 건축물을 보면서 기쁨을 느끼는 건 그것이 아름다운 동시에 유용하기 때문이고.

그렇지만 건축은 의지의 객관성 가운데 가장 낮은 단계에 있는 광물성 질료에 해당하는 예술이야. 건축의 구성 요소들이 지닌 힘은 중력에 복종하지.

항상 그렇게 잘 붙어 있는 건 아니야.

풍경화도 자연의 구성에 해당해. 그렇지만 정원 예술처럼 식물성 질료를 직접 사용하지는 않고 식물의 표상을 사용하지. 풍경의 예술적 표상에는 정원 자체, 그림이 표상하는 정원, 그림이 표상하는 자연 풍경 이렇게 세 종류가 있어.

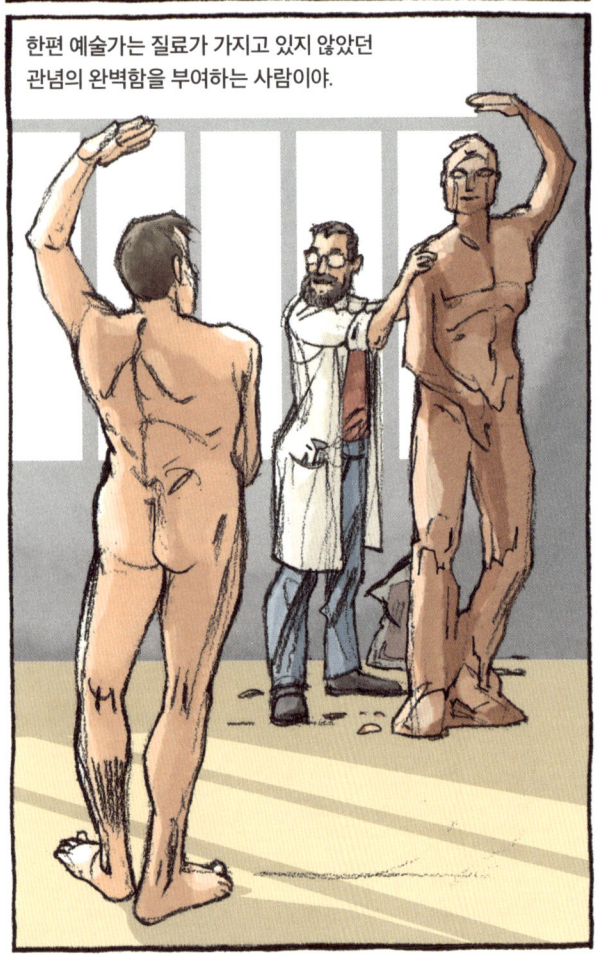

각 조각상은 인류의 보편적 특징을 드러내고 있어.

쇼펜하우어는 고대의 군상 **라오콘**을 예로 들어 설명했어.

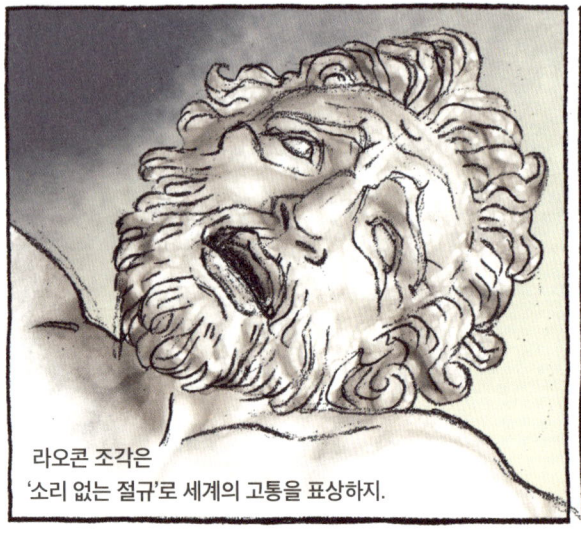

라오콘 조각은
'소리 없는 절규'로 세계의 고통을 표상하지.

고통은 크게 벌린 입으로 표현되지 않아도 충분히 와닿아.
바로 거기에 작품의 미묘함이 있기도 하고.

조각은 미와 결합한 우아함으로 정의되고, 벗은 몸과 옷의 표현이 핵심적인 역할을 해.

역설적이지만 옷감은 몸의 형태를 가리는 것이 아니라 오히려 드러내지.

그러한 방법은 관람자의 상상력을 발동시키고.

단순한 옷은 미적 감정을 불러일으키는 반면 장식이 지나치고 복잡한 옷은 상스러워 보여.

회화 예술에서 **역사화**는 미와 우아함 외에도 성격을 보여줘.
성격은 역사적 의지로 나타나는 개인적 의지의 가장 높은 표현이야.

외젠 들라크루아, 〈민중을 이끄는 자유의 여신〉

살고자 하는 의지가 엿보이네!

풍속화도 역사화와 마찬가지로 행위의 내적 의미를 표상해.
시시각각 변하는 세계의 한 순간을 포착함으로써 어떤 관념을 드러내지.

아르놀피니 부부에게는 어떤 깊은 비밀이 숨어 있을까?

얀 반 에이크

알레고리는 이미지일 수도 있지만 어떤 작품 전체일 수도 있어. 세르반테스의 『돈키호테 Don Quixote』는 객관적이고 이상적인 목적을 지향하느라 자신의 행복만 추구하기를 포기한 한 인간의 삶을 보여주지.

조너선 스위프트의 『걸리버 여행기 Gulliver's Travels』는 물질적인 크고 작음을 통하여 정신, 도덕, 지혜의 상대적 차원들을 말하고 있어.

쇼펜하우어는 중세에서 18세기 사이에 쓰인 독일 민요집 『어린이의 이상한 뿔피리*Des Knaben Wunderhorn*』를 예로 들었어.
괴테가 인용하기도 했던 이 시들에 슈베르트가 곡을 붙였고 셀린 디옹을 비롯한 여러 가수가 노래로 불렀지.

좋은 아침, 좋은 밤!

프란츠 슈베르트

셀린 디옹

괴테

참된 노래는 이렇게 혼합되고 분열된 감정들의 표현이야.

음악이 세계의 의지와 비슷한 이유는 인간이 없어도 세계에 존재하기 때문이야.

자연의 소리도 음을 만들어내거든. 그리고 자연의 소리에도 리듬이 있어.

작곡가는 자연의 소리를 단순히 모방하는 게 아니라 창조적 의식과 악기를 가지고 소리를 만들어내는 자연의 일부야.
음악의 속도, 즉 템포는 존재의 깊은 감정을 표현해.
가령, 적당한 빠르기에 해당하는 **알레그로 마에스토소**는 목표를 달성하는 만족스러운 마음의 열망들을 표현하지.

이제 여러분에게 모차르트의 「피아노 협주곡 25번 다 장조」 제1악장을 들려드리겠습니다.

그보다 느린 **아다지오**는 고통에 시달리지만 고결한 마음을 말해주지.

다음은 바버의 「현을 위한 아다지오」입니다.

제4부
의지로서의 세계 : 도덕

자연의 존재와 예술의 표상은 결국
우리의 의지를 볼 수 있는 거울과도 같아.
제4부에서는 의지가 일상에서 작용하는 방식을 살펴볼 거야.

모든 도덕의 원리는 살고자 하는 의지,
즉 우리를 정의하는 욕망이야.

그렇다면 삶이란 무엇일까? 삶은 탄생과 죽음이라는
두 사건 사이에 일어나는 또 다른 사건이지. 여기서 **사건**은
창조주의 섭리나 물리학적 법칙들의 결정론에도 종속되지 않는,
다시 말해 일어나지 않을 수도 있었을 사실을 가리켜.

탄생이 자기 긍정의 의지라면 죽음은 자기 부정의 의지야.
삶은 그 중간에서 자기를 긍정하는 동시에 부정하지.
이렇듯 탄생과 죽음은 삶에 속해 있기는 마찬가지이기 때문에
서로 반대라기보다는 상호 보완적인 관계라고 할 수 있어.

중요한 건 의지가 어떻게 불붙고, 어떻게 유지되었다가, 어떻게 꺼지는지 아는 거야.

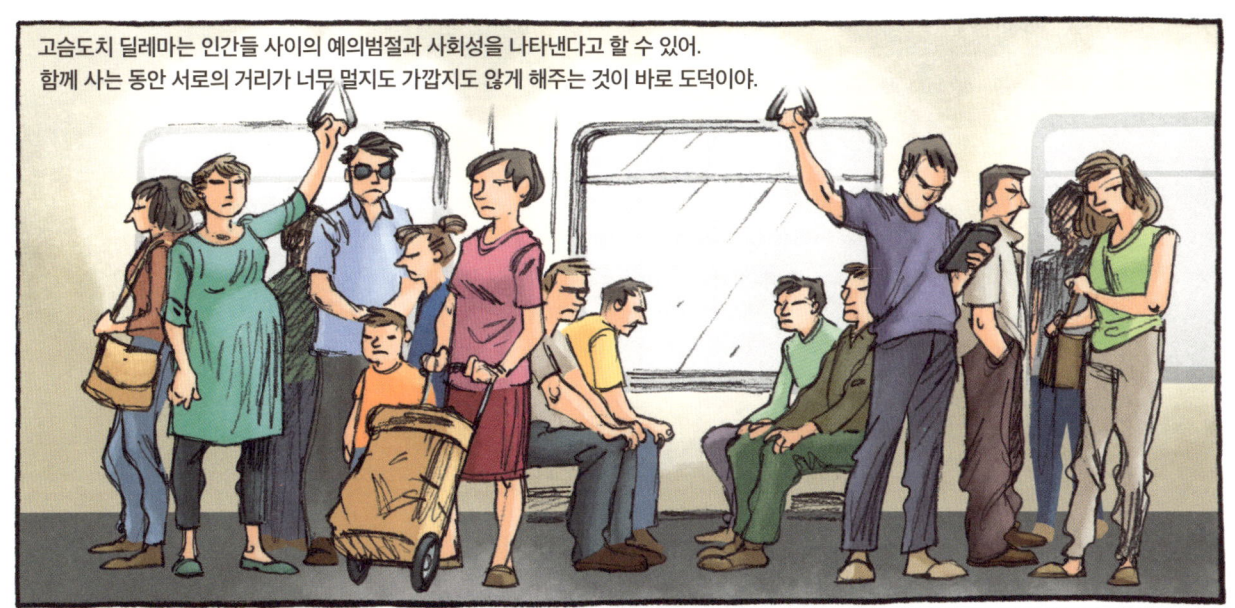

여기서의 교훈: 인생은 곧 고통이다.

쇼펜하우어는 염세주의 철학자로 알려졌잖아.

고통은 욕망에서 비롯되고, 욕망은 모든 것을 이루고 있어.
삶 자체를 없앤다면 모를까, 삶에서 욕망을 없애는 건 불가능해.
욕망은 추락하는 돌의 무한한 항력과도 같거든.

으악... 무서워.
떨어지기 싫지만
내가 할 수 있는 건 없어.

삶은 마치 시계추처럼 고통과 권태 사이를 오가지.

행복은 비눗방울 같아서 아무리 잘 지키려고 해도,

결국은 펑 터지고 말아.

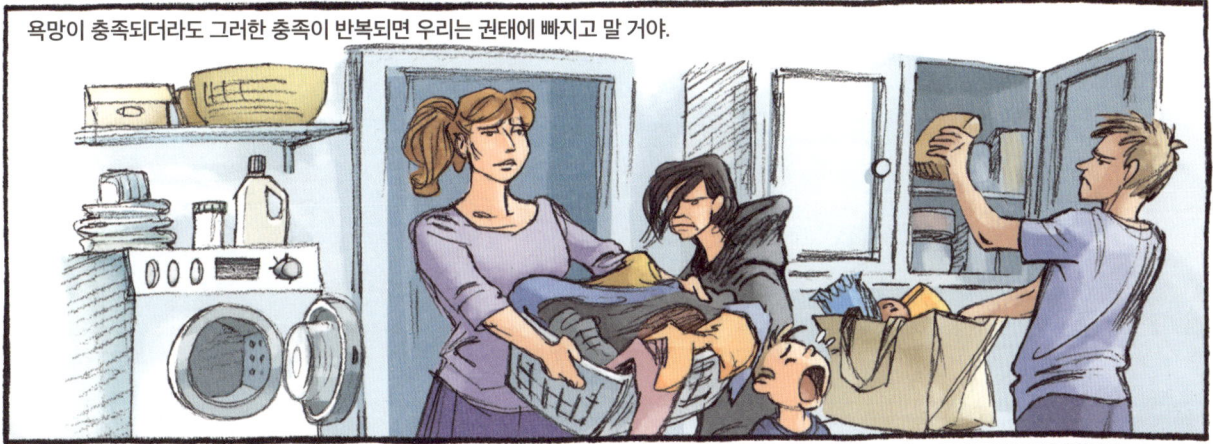

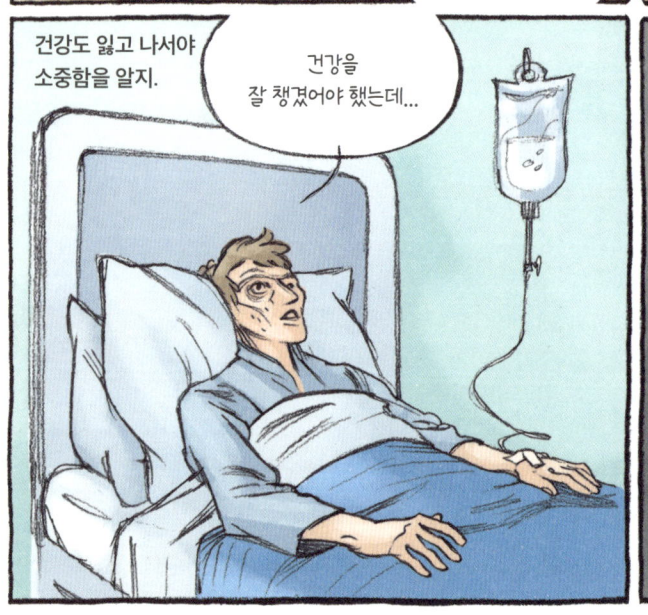

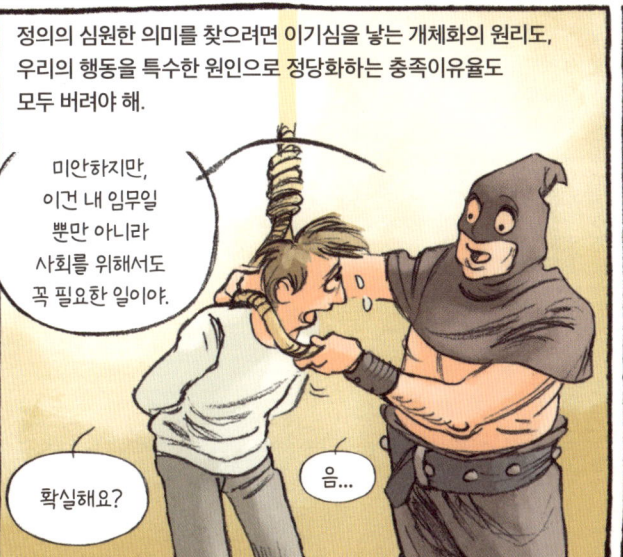

하지만 인생을 도저히 견딜 수 없을 때가 있어.

그럴 때 고통을 어떻게 막을 수 있을까? 고통은 욕망에서 오는 것이니, 욕망을 없애거나 살고자 하는 의지의 모든 표현을 최대한 멀리 떨어뜨리는 것이 중요해.

순결은 그 첫째가는 수단이지.

금욕은 또 다른 수단으로, 자신을 세상에서 고립시키고 모든 물질적 쾌락을 멀리하는 거야.

이를 통해 우리는 성스러움과 덕과 평안 가운데 살 수 있어.

살고자 하는 의지에 빠지지 않으려고 고행 속에서 살아갈 수도 있겠지.

이처럼 절망의 고통은 인간을 성스럽게 만드는 효과가 있어. 여기서의 절망은 연속된 불행들에서 비롯될 수도 있고,

단 하나의 큰 불행에서 비롯될 수도 있지.

네가 여기 있어서 얼마나 다행인지 몰라.

세계는 충동적이고 무의식적인 자연의 힘에서부터 인간의 가장 의식적인 행동에 이르기까지 나타나는 의지의 표현이야.

만약 의지가 없으면 표상도 세계도 없어.

의지의 표상이 우리에게 보이는 세계의 한 면이라면 다른 쪽 면은 무엇일까? 무? 죽음?

우리는 이걸 기억해야 해. 산다는 것은 살고자 하는 것, 다시 말해 무의 관념이나 유혹에 저항하는 거야.

그 저항이 너무나 고통스럽기 때문에 우리 자신을 예술적 관조, 즉 '평온의 대양'에 맡기자는 얘기야.

마지막으로 재미있는 얘기를 하나 덧붙이자면, 쇼펜하우어는 매일 자신의 강아지 아트마에게 플루트를 불어주었대.

그리고 모든 재산을 아트마에게 상속하려고 했대. 반려견을 통해 살고자 하는 의지를 다지고 무에 저항하려 했던 게 아니었을까?

혹시 알아? 네가 다음 생에는 나로 태어날지도.

그러게.

지은이 **프랑시스 메티비에**
철학 박사이자 대학 강사로 대중을 위한 철학 강연과 저술에 특히 두각을 나타내고 있습니다. 철학 콘서트 '록앤필로(Rock'n'philo)'의 크리에이터이자 『해변에서 읽는 파스칼』, 『해변에서 읽는 칸트』, 『팝으로 보는 철학 이야기』를 썼고 만화 『철학자 르네 ― 데카르트 혹은 사유의 자유』의 대본도 썼습니다.

지은이 **이자 피통**
일러스트레이터이자 스토리보드 작가로서 출판, 언론, 만화영화 분야에서 일하고 있습니다. 만화 『마리 앙투아네트 회고록』와 『뭐가 이래!』의 작화를 맡았습니다.

옮긴이 **이세진**
철학과 프랑스문학을 공부하고 출판 번역가로 일하고 있습니다. 『명상록 수업』, 『외로움의 철학』 등 많은 책을 우리말로 옮겼습니다.